BEI GRIN MACHT SICH IHR WISSEN BEZAHLT

AF167248

- Wir veröffentlichen Ihre Hausarbeit,
  Bachelor- und Masterarbeit

- Ihr eigenes eBook und Buch -
  weltweit in allen wichtigen Shops

- Verdienen Sie an jedem Verkauf

Jetzt bei www.GRIN.com hochladen und kostenlos publizieren

Beobachter in Assessment Centern, Attributionsfehler und Sensation Seeking

Regine Scheibel

Bibliografische Information der Deutschen Nationalbibliothek:

Die Deutsche Nationalbibliothek verzeichnet diese Publikation in der Deutschen Nationalbibliografie; detaillierte bibliografische Daten sind im Internet über http://dnb.d-nb.de abrufbar.

ISBN: 9783346339713
Dieses Buch ist auch als E-Book erhältlich.

Druck und Bindung: Books on Demand GmbH, Norderstedt Germany
Gedruckt auf säurefreiem Papier aus verantwortungsvollen Quellen

Das vorliegende Werk wurde sorgfältig erarbeitet. Dennoch übernehmen Autoren und Verlag für die Richtigkeit von Angaben, Hinweisen, Links und Ratschlägen sowie eventuelle Druckfehler keine Haftung.

Das Buch bei GRIN: https://www.grin.com/document/984006

Einsendeaufgabe

Bearbeitung der Aufgabe A
Modul: Persönlichkeits- und Sozialpsychologie

Abgegeben am 06.12.2020
Modulverantwortlicher Hochschullehrer:

von
Regine Scheibel

Inhaltsverzeichnis

Einleitung

Unser tägliches Leben ist bestimmt durch unterschiedliche Phänomene der Sozialpsychologie. Wie und was denken wir über die Mitmenschen? Wie beeinflussen wir uns gegenseitig? Um diesen Fragen auf den Grund gehen zu können, beschäftigt sich die Sozialpsychologie mit Themen wie Macht, Einstellungsbildung oder auch Vorurteile. Diese wissenschaftliche Arbeit beschäftigt sich jedoch nur mit einem Teilbereich der Sozialpsychologie und wird in drei Teilkapitel eingeteilt.

Im ersten Kapitel geht es um das beobachtbare Verhalten von Bewerbern in einem Assessment Center. Zur besseren Veranschaulichung wird hierfür das Kovariationsmodell nach Harold Kelley verwendet. Dieses Modell „[...] nimmt an, dass Beobachter kausale Schlüsse über das Verhalten ziehen, indem sie Daten über vergleichbare Fälle sammeln."[1] Auf das Modell und dessen Spezifikationen wird ferner genau eingegangen.

Das zweite Kapitel beschäftigt sich mit sogenannten Attributionsfehlern, die bei einem Assessment Center auftreten können. Unter diesen Attributionsfehlern sind Fehler zu verstehen, die dazu führen könnten, eine Beobachtung falsch zu deuten. Auf die Messung und Minimierung dieser Fehler wird in diesem Kapitel ebenfalls eingegangen.

Zum Abschluss dieser Arbeit wird im letzten Kapitel das Thema Sensation Seeking behandelt. Dieser Begriff ist „[...] gekennzeichnet durch das Bedürfnis nach abwechslungsreichen, neuen, komplexen Eindrücken und Erfahrungen und der dazugehörigen Bereitschaft, physische und soziale Risiken in Kauf zu nehmen."[2] Was genau sich hinter diesem Begriff verbirgt und welche Bedeutung dieser für Menschen mit hohen Werten beim Sensation Seeking hat, wird im letzten Kapitel genau betrachtet und diskutiert.

Aufgabe A1

Wie bereits in der Einleitung beschrieben, geht es in diesem Kapitel um das beobachtbare Verhalten von Bewerben bei einem Assessment Center. Dieses soll vor dem Hintergrund des Kovariationsmodells nach Harold Kelley genauer erläutert und betrachtet werden, wobei zuvor kurz auf das Assessment Center generell eingegangen wird.

Beschließt ein Unternehmen neue Mitarbeiter zu rekrutieren, durchlaufen diese im ein Bewerbungs- und Auswahlverfahren. Die Gestaltung dieses Verfahrens obliegt dem

---

[1] *Jonas et. al* (2014) S.75
[2] *Becker* (2014) S.64

Unternehmen selbst, wobei unter anderem auch auf Assessment Center zurückgegriffen wird. Dieses Assessment Center dient den Recruitern zum Beobachten und Vergleichen der Bewerber in den jeweils vorgegebenen Aufgaben. Diese Aufgaben sind unternehmensseitig jeweils auf die zu besetzende Position zugeschnitten, wobei diese von Einzel- bis hin zu Gruppenaufgaben reichen können. Auch die Länge des Assessment Centers wird vom Unternehmen festgelegt und kann von einigen Stunden bis hin zu mehreren Tagen andauern. Ist das Assessment Center erstmal abgeschlossen vergleichen die Recruiter die Bewerber und können sich anhand ihrer Beobachtungen für den passenden neuen Mitarbeiter entscheiden.[3]

Vor dem Hintergrund eines Assessment Centers, soll im Folgenden auf das Kovariationsmodell nach Kelley eingegangen werden, welches auf der Grundlage der Attributionstheorie von Fritz Heider aufbaut. Seine Attributionstheorie besagt, „ [...] dass Menschen besonders daran interessiert sind, die persönlichen Dispositionen [(...)] herauszufinden, die das Verhalten anderer Menschen erklären. Mit anderen Worten wollen Beobachter wissen, wie ein Handelnder eigentlich dazu kommt, so zu handeln, wie er es tut.“[4] Harold Kelley fügte seine Theorie hinzu, indem er behauptete, „[...] dass [Menschen] mehrere Informationen und mehrfache Beobachtungen berücksichtigen, wenn wir uns einen Eindruck bilden und Gedanken über die Ursache eines Verhaltens machen.“[5] Kelley spricht hier von einer Kovariation, was bedeutet: ein „[...] gemeinsames Auftreten eines bestimmten Ereignisses mit einer bestimmten Art von Information.“[6] Aus der Beobachtung des Verhaltens kann schlussendlich auf eine Ursache geschlossen werden. Zusammengefasst sagt das Kovariationsmodell aus, „[...] dass Beobachter kausale Schlüsse über das Verhalten anderer ziehen, indem sie Daten über vergleichbare Fälle sammeln.“[7]

Verdeutlicht wird die Anwendung des Kovariationsmodells nach Kelley anhand des Beispiels eines Assessment Centers. Wie bereits erwähnt, werden Assessment Center zur Personalauswahl genutzt. Hier werden Bewerber durch die Beobachtung innerhalb unterschiedlicher Gegebenheiten (Aufgaben, Orte, etc.) miteinander verglichen und anschließend bewertet und ausgewählt. Hierbei findet das Kovariationsmodell Anwendung, welches nun schrittweise erläutert wird.

---

[3] Vgl. Assessment Center Academy Autor (n.b.)
[4] *Jonas* et. al.(2014) S.72
[5] *Orth* (2018) S.48
[6] *Ebd.*
[7] *Orth* (2018) S.48

Betrachtet wird hier das Szenario, in dem sich fünf unterschiedliche Bewerber (A,B,C,D und E) auf eine Position in Unternehmen Z bewerben und zu einem Assessment Center eingeladen werden. Das Assessment Center startet um 8:30 Uhr und endet voraussichtlich um 16:30 Uhr. Ein gemeinsames Mittagessen von 13 bis 14 Uhr ist ebenfalls geplant. Es wird hierbei lediglich auf die Beobachtung am Tage des Assessment Centers zurückgegriffen, weitere Faktoren wie zum Beispiel Krankheit/Müdigkeit/etc. der Bewerber bleiben ungeachtet. Zur Beobachtung sind zwei Mitarbeiter aus der Personalabteilung und der Leiter des Teams, für die die Stelle ausgeschrieben ist, geplant Gewählt werden die Aufgaben so, dass die Bewerber zu unterschiedlicher Zeit mit unterschiedlichen Menschen (Bewerber oder Mitarbeiter oder allein) und unterschiedlichen Aufgaben beobachtet werden können, welches anhand der zugrunde gelegten Agenda veranschaulicht wird:

08:30 Uhr	Begrüßung und Vorstellung
09:15 Uhr	Mathematik-Test
10:00 Uhr	Pause
10:20 Uhr	Gruppenaufgabe inkl. Präsentation
11:30 Uhr	Pause
11:45 Uhr	Persönliche Interviews
13:00 Uhr	Mittagspause
14:00 Uhr	Unternehmenspräsentation
14:30 Uhr	Intelligenztest
15:15 Uhr	Pause
15:30 Uhr	Persönlichkeitstest
16:15 Uhr	Abschied

Abbildung 1: Agenda Assessment Center

Die Kausalanalyse nach Kelley erfolgt in dem Zuge, dass die Beobachter das Verhalten der Bewerber während der Aufgaben betrachten und die Daten festhalten. Beim ersten Mathematik-Test werden die erreichten Punktzahlen der Bewerber miteinander verglichen. A, B, C und D haben alle mindestens 80 oder mehr Punkte erreicht. E schnitt mit 43 Punkten am schlechtesten ab. Bei der Gruppenaufgabe ließ sich beobachten, dass A und B den größten Einfluss auf die Zielerreichung hatten. C, D und E waren hingegen eher passiv. Die Präsentation im Anschluss übernahmen B und D, wobei B besser

5

präsentierte. Die Beobachter stellen fest, dass Bewerber A und B am Ende des Tages am besten abschneiden. Der Effekt nach dem Kovariationsmodell scheint sich demnach wie folgt zusammenzusetzen:

Die Bewerber C, D und E können sich in unterschiedlichen Aufgaben zu unterschiedlichen Zeiten mit unterschiedlichen Personenkonstellationen nicht durchsetzen. Diese Bewerber waren im Vergleich zu A und B demnach schlechter, woraufhin folgender Kausalschluss gezogen wird: Gemäß dem Kovariationsprinzip können die Bewerber C, D und E die entsprechend für die Stelle benötigten Fähigkeiten nicht aufweisen.

Im nächsten Schritt des Kovariationsmodells spricht Kelley von drei Informationsarten: die Distinktheits-, Konsensus- und Konsistenzinformation. Diese werden von Beobachtern genutzt, um die Ursachenzuschreibung auf die Person, die Situation oder die besonderen Umstände vorzunehmen, wobei die Ausprägungen dieser Informationsarten jeweils niedrig bis hoch sein können.

Distinktheitsinformation: „Informationen darüber, wie ein Handelnder unter ähnlichen Umständen auf unterschiedliche Entitäten (d.h. Objekte) reagiert."[8]

Konsensusinformation: „Informationen darüber, wie sich unterschiedliche Handelnde gegenüber derselben Entität verhalten."[9]

Konsistenzinformation: „Informationen darüber, ob sich das Verhalten eines Handelnden gegenüber einer Entität in verschiedenen Situationen und zu verschiedenen Zeiten unterscheidet."[10]

Diese drei Informationsarten sollen nun mithilfe von jeweiligen Beispielen näher erläutert werden.

Bei der Distinktheitsinformation geht es um die Frage, ob sich beim Vergleich aller beobachteten Personen Unterschiede aufgeben. Betrachtet man alle Aufgaben (unterschiedliche Entitäten) haben die Beobachter festgestellt, dass Bewerber A und B immer besonders gut abschließen (= niedrige Distinktheit). Hohe Distinktheit liegt vor, wenn der Effekt nur bei einer bestimmten Aufgabe beobachtbar wäre (Bewerber A oder B hätten nur bei einer Aufgabe gut abgeschnitten).

Wird ein Vergleich von mehreren Personen durchgeführt (so wie bei einem Assessment Center) und wird dabei kein Unterschied unter den Personen festgestellt, spricht man von

---

[8] Vgl. Jonas et.al.(2014) S.76
[9] Vgl. Ebd.
[10] Vgl. Ebd.

hohem Konsens. Niedriger Konsens liegt hingegen vor, wenn die Beobachter feststellen, dass der Effekt nur bei einer Person auftritt. Wird also angenommen, dass alle Bewerber beispielsweise die persönlichen Interviews gleich gut abschließen, spricht man von hohem Konsens (Persönliches Interview als Entität).

Bei der letzten Informationsart (Konsistenzinformation) geht es um den Aspekt der Zeit: inwieweit ändert sich demnach der Effekt zu verschiedenen Zeitpunkten. Wir nehmen an, dass die Bewerber vor dem Assessment Center einen Online-Test absolvieren mussten. Dieser beinhaltete unter anderem Aufgaben des Assessment Centers (Mathematik-Test, Situations-Test, Persönlichkeits-Test, etc.). Zwischen dem Online Test und dem Assessment Center liegen bei den Bewerbern etwa jeweils zwei Wochen. Auch hier waren die Ergebnisse ähnlich: Bewerber A und B hatten die besten Ergebnisse. Jedoch schnitt Bewerber E (überraschenderweise) ebenfalls besonders gut ab. Bei Bewerber A und B kann von hoher Konsistenz gesprochen werden, da der Effekt (besonders gute / besonders schlechte Ergebnisse) zeitlich unabhängig zu beobachten ist. Bei Bewerber E müssen die Ergebnisse jedoch in Frage gestellt werden. Es liegt eine niedrige Konsistenz vor, denn der Effekt (gute Ergebnisse von Bewerber E) war nur im Online-Test beobachtbar, nicht jedoch beim Assessment Center.

Eine Herausforderung des Kovariationsmodells ist, dass eine *ideale* Ursachenanalyse häufig nicht stattfindet, da den Beobachtern in der Regel meist nur eine einzige Beobachtung eines Effekts vorliegt. In diesem Modell gilt es also mögliche sogenannte Attributionsfehler zu minimieren, die im Zweifel dazu führen, dass die Beobachter sich für weniger qualifizierte Bewerber entscheiden.

Auf diese Attributionsfehler soll in Aufgabenteil A2 genauer eingegangen werden.

Aufgabe A2

Dieser Aufgabenteil befasst sich mit den Attributionsfehlern, die beim Beobachten von Bewerbern in einem Assessment Center auftreten können. Im nächsten Schritt geht es darum, mögliche Maßnahmen aufzuzeigen, um diese Attributionsfehler minimieren oder gänzlich vermeiden zu können.

Attributionsverzerrungen treten auf, wenn Menschen auf „[...] Vorwissen, [ihre] Erfahrungen oder Annahmen über Zusammenhänge [oder] erlernte Attributionsstile [zurückgreifen].“[11] Diese gilt es jedoch gerade in der Personalauswahl zu minimieren. Im Folgenden werden nun beispielhaft einige mögliche Attributionsfehler beschrieben.

Die erste mögliche Attributionsverzerrung ist der fundamentale Attributionsfehler nach Lee Ross. Dieser beschreibt „[...], dass Menschen dazu neigen, externale Einflüsse zu unterschätzen, wenn Sie das Verhalten anderer Personen erklären wollen.“[12] Hieraus folgt, dass der fundamentale Attributionsfehler derjenige ist, der einen Beobachter glauben lässt, die Ursache eines beobachtbaren Verhaltens rührt hauptsächlich aus dem Inneren der Person, äußere Umstände bleiben eher außen vor (dispositionale Zuschreibung). Diese Beobachtung wird durch die Wahrnehmung von bestimmten äußeren Reizen (Salienz) beeinflusst. Beispielsweise kann ein auffallendes Merkmal an der Person (Kleidung, Stimmfarbe, etc.) dafür sorgen, dass die Wahrnehmung der Beobachter entsprechend auf die Person gerichtet wird.[13]

Ein weiterer Attributionsfehler ist der Falsche-Konsensus-Fehler. Hierbei geht es darum, dass die Beobachter das beobachtbare Verhalten daran messen, wie sie sich selbst in der Situation verhalten würden. Es wird demnach erwartet, dass die beobachteten Menschen die gleichen Einstellungen, Werte und Überzeugungen wie die des Beobachters teilen.[14]

Die Akteur-Beobachter-Verzerrung ist eine weitere Attributionsverzerrung, die darauf hinweist, dass das Verhalten einer Person in einer Situation anders bewertet wird, als das eigene Verhalten in derselben Situation. Beobachtet man die Person in der Situation, führen die Beobachter die Ursache auf die Person zurück. Anders hingegen wird die Ursache gesehen, wenn man selbst in derselben Situation ist. Hierbei wird die Ursache auf die Situation zurückgeführt.[15]

Ferner kann auch die Diagnostizität ein Attributionsfehler sein. Diese Verzerrung beschreibt eine Interpretation des Charakters aufgrund von nicht normenkonformen Verhaltens. Zur Veranschaulichung kann folgendes Beispiel dienen: Wird eine Person bei einem Ladendiebstahl beobachtet (nicht normenkonformes Verhalten) schließen Beobachter in dem Fall eher auf den Charakter, als auf einen möglichen äußeren Umstand, nämlich die finanzielle Notlage der Person.[16]

Die letzte hier betrachtete Attributionsverzerrung ist die selbstwertdienliche Verzerrung. Diese Verzerrung beschreibt den Effekt, dass Menschen bei einem Erfolg eher dazu

---

[11] *Orth* (2018) S.53
[12] *Aronson* (2014) S.120
[13] Vgl. *Orth* (2018) S.53
[14] Vgl. Ebd.
[15] Vgl. *Jonas* (2014) S.94
[16] Vgl. *Orth* (2018) S.54

neigen, diesen Erfolg auf eine innere Ursache zurückzuführen, sprich die Leistung wird dem Menschen selbst zugewiesen. Misserfolg hingegen wird auf die Situation zurückgeführt, es erfolgt eine Schuldzuweisung auf die Situation.[17] Alle diese beschriebenen Attributionsverzerrungen können auch in einem Assessment Center zu einer deutlich fehlerhaften Ursachenzuschreibung führen, und im nächsten Schritt zur falschen Wahl der Bewerber. Diese Attributionsfehler gilt es jedoch zu minimieren. Wie bereits beschrieben, möchte das Unternehmen den besten Bewerber für die zu besetzende Stelle finden. Hierzu gibt es eine von Weuster entwickelte grafische Darstellung, inwieweit mögliche Fehler in der Personalauswahl eintreten können.

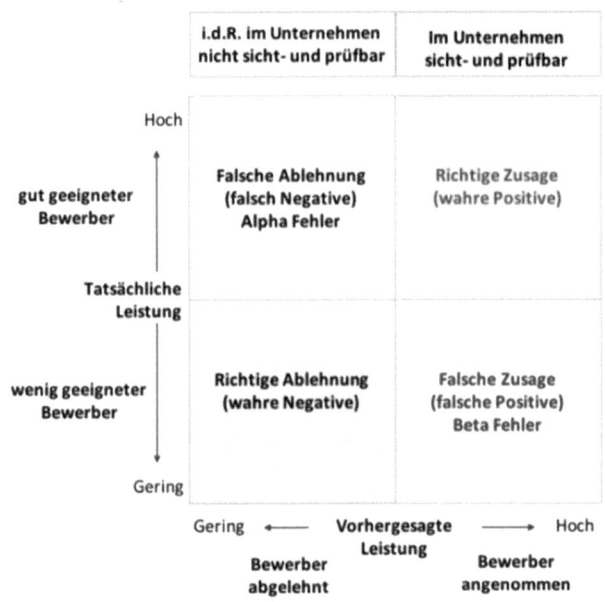

Abbildung 2: Entscheidungslogik der Personalauswahl[18]

Aus der Übersicht lässt sich entnehmen, dass die Fehler von Ablehnung und Zusage jeweils in zwei Kategorien unterteilt werden. Sowohl bei der Ablehnung als auch bei der Zusage wird zwischen richtiger und falscher Ablehnung/Zusage unterschieden. Eine richtige Zusage für den richtigen Bewerber und eine richtige Ablehnung für den falschen Bewerber werden hier nicht weiter betrachtet, da beide Entscheidungen zu richtiger

---

[17] Vgl. *Aronson* (2014) S.120f.
[18] Vgl. *Weuster* (2012) S.1

Personalauswahl beitragen. Jedoch kann innerhalb des Verfahrens eine falsche Ablehnung (Alpha Fehler) oder auch eine falsche Zusage (Beta Fehler) dem Bewerber gegeben werden. Der Alpha Fehler kommt zustande, wenn ein gut geeigneter Bewerber eine Ablehnung erhält, obwohl seine tatsächlich erbrachte Leistung dem Anforderungsprofil entsprechen. Wird jedoch eine Zusage dem weniger gut geeigneten Bewerber gegeben, der nachweislich geringe gute Leistungen gezeigt hat, so handelt es sich um den Beta Fehler. In der Personalauswahl geht es demnach darum, die beschriebenen Alpha- und Beta-Fehler möglichst zu vermeiden.[19]

Hierbei sollen sogenannte Gütekriterien der Auswahl einen Rahmen schaffen. Grundsätzlich müssen diese „Messverfahren [...] objektiv, reliabel und valide sein."[20] Zunächst wird festgehalten, dass Auswahlverfahren den Gütekriterien der Objektivität, Reliabilität und Validität entsprechen sollten. Von Objektivität ist zu sprechen, „[...] wenn die Ergebnisse unabhängig von der Person des Beurteilers, zum Beispiel unabhängig vom Vorauswähler, vom Interviewer im Vorstellungsgespräch oder vom Testleiter sind."[21] Im selben Zuge lässt sich zu hierzu jedoch festhalten, dass die Einhaltung der Objektivität kritisch zu beurteilen ist. Diese kann unter gewissen Umständen leiden, wenn die Entscheidungsträger (in diesem Fall die Beobachter) den Bewerbern das Erreichen bestimmter Ergebnisse erleichtern oder auch Hilfestellungen geben. Diese Umstände könnten beispielsweise Sympathie sein oder auch die Notwendigkeit, die Stelle besetzen zu müssen.[22]

Bei der Reliabilität geht es um die Messgenauigkeit. „Ein Verfahren der Personalauswahl misst genau, wenn es zwischen geeigneten und weniger geeigneten Bewerbern hinreichend unterscheidet, also vorhandene Eignungsunterschiede zwischen den Bewerbern hervortreten lässt."[23] Als Voraussetzung für die Zuverlässigkeit gilt, dass die durchgeführten Tests stets geheim bleiben und eine Vorbereitung ausgeschlossen wird. Auch für das hier betrachtete Beispiel des Assessment Centers ist diese Voraussetzung maßgeblich. Um diese Reliabilität besser kontrollieren zu können, werden teilweise Tests wiederholt, um die Ergebnisse dann zu vergleichen und die Messgenauigkeit entsprechend zu bestimmen.[24] Weisen die Testergebnisse erhebliche Unterschiede auf, können entsprechende Rückschlüsse gezogen werden.

---

[19] Vgl. *Weuster* (2012) S.1
[20] Ebd. S.12
[21] Ebd.
[22] Vgl. Ebd. S.13
[23] Ebd.
[24] Vgl. Ebd. S.14

Ein weiteres Gütekriterium ist die Validität, welche „[...] zeigt, inwieweit ein Auswahlverfahren seinen Zweck erfüllt."[25] Bei dem hier skizzierten Beispiel des Assessment Centers wird dann von Validität des Verfahrens gesprochen, wenn die Tests „[...] die Einung für einen bestimmten Beruf gut [messen...]."[26] Bei der Validität kann generell zwischen der Inhalts-, Konstrukt- und Kriteriumsvalidität unterschieden werden, wobei hier nicht weiter darauf eingegangen wird.

Nachdem nun mögliche Attributionsverzerrungen vorgestellt wurden, geht es darum Möglichkeiten aufzuzeigen, inwiefern diese bei einem Assessment Center minimiert werden können. Hierzu ist es im Vorfeld notwendig, die Ziele und Rahmenbedingungen für das anstehenden Assessment Center festzulegen. Im nächsten Schritt soll damit konkretisiert werden, welche Verhaltensanker (Anforderungen) für die zu besetzende Stelle gefragt sind. Als Hilfsmittel zur Erstellung des Assessment Centers dient eine Anforderungsmatrix. Diese besteht aus der Kombination von geeigneten Verfahren (Übungen) im Assessment Center mit denen die entsprechenden Anforderungen bewertet werden können. Sichergestellt werden sollte jedoch, dass ein Verfahren mehrere Anforderungen abdeckt.

Beispielhaft wird diese wie folgt dargestellt:

Verfahren / Anforderung	Präsentation	Gruppenaufgabe	Persönliche Interviews	Persönlichkeits- test
Kommunikations- fähigkeit				
Durchsetzungs- stärke				
Teamorientierung				
Zielorientierung				
Selbstbewusstsein				
Analytisches Denkvermögen				

Abbildung 3: Anforderungsmatrix (eigene Darstellung)

---

[25] Ebd.
[26] *Weuster* (2012) S.14

11

Die ausgewählten Beobachter nutzen diese Matrix im Assessment Center, um ihre entsprechenden Beobachtungen in Bezug auf die Anforderungen festzuhalten. Dabei ist es wichtig, auch entsprechende Freitextfelder zu lassen, um Besonderheiten bei den Beobachtungen notieren und gegebenenfalls mit den anderen Beobachtern vergleichen zu können. In diesem Zuge ist es jedoch genauso wichtig, ein besonderes Augenmerk auf die Schulung der Beobachter zu legen. Wichtig ist, dass die Beobachter einen gemeinsamen Bezugsrahmen schaffen, um die Beobachtungen möglichst vergleichbar zu machen. Hierzu sollen Beurteilertrainings (Frame of Reference Training) dienen. Ein Beurteilertraining ist eine „Maßnahme zur systematischen Verbesserung der Einschätzgüte bei einer Beurteilung oder Beobachtung."[27] In diesen Trainings werden die ausgewählten Übungen von den Beobachtern selbst durchgeführt. Anschließend werden mögliche Probleme, die bei der Durchführung der Übungen auftreten, gemeinsam diskutiert und Lösungen erarbeitet. Dies soll sicherstellen, dass sich die Beobachter auf einen gemeinsamen Nenner (gleicher Bezugsrahmen) einigen. Im Vordergrund dieser Beurteilungstrainings stehen jedoch stets die Kompetenzen (Anforderungen), die die Bewerber in den Übungen zeigen sollen.[28] Der Sinn dieser Beurteilertrainings liegt darin, mögliche Wahrnehmungsverzerrungen zu erkennen und diese entsprechend zu minimieren, um die Objektivität in den Beobachtungen zu wahren.

Ein weitere Maßnahme, um mögliche Attributionsfehler zu minimieren, greift ebenfalls auf die Schulung der Beobachter zurück. Neben den Beurteilungstrainings, in denen die Beobachter selbst die Position der Bewerber einnehmen, sollten diese ebenfalls zu den möglichen Attributionsfehlern unterrichtet werden, um ein einheitliches Bild und das damit zusammenhängende Verständnis für diese Fehler schaffen zu können. Denn beispielsweise Unaufmerksamkeiten oder auch die eigene Stimmungslage der Beobachter können die Beobachtung und das daraus resultierende Ergebnis ebenfalls beeinflussen.

Generell ist jedoch festzuhalten, dass eine vollkommene Objektivität ohne jegliche Einflüsse beim Beobachten nur erschwert möglich ist. Die Wahrnehmungsverzerrungen können mit Hilfe von beispielsweise Beurteilungstrainings zwar minimiert, jedoch nicht zu 100% ausgeschlossen werden.

---

[27] *Dorsch. Lexikon der Psychologie* (n.b.)
[28] Vgl. Ebd.

Aufgabe A3

Im folgenden Aufgabenteil geht es um das Thema Sensation Seeking. Unter diesem Begriff versteht Marvin Zuckerman „[...] eine Verhaltensdisposition auf genetischer und biochemischer Basis für das Konstrukt des Suchens nach neuen Reizen."[29] Dies bedeutet, dass Menschen stets auf der Suche nach neuen, abwechslungsreichen und komplexen Erfahrungen und Eindrücken sind. Gleichwohl nehmen sie für diese Erfahrung entsprechend hohe Risiken in Kauf.[30] Er selbst definiert das Sensation Seeking wie folgt: „Sensation Seeking is a trait defined by the seeking of varied, novel, complex, and intense sensations and experiences, and the willingness to take physical, social, legal, and financial risks for the sake of such experience."[31] Marvin Zuckermans Theorie des Sensation Seekings geht zurück auf „[...] sensorische Deprivationsstudien, auf Freuds Konzept der Triebs- oder Spannungsreduktion und auf das Modell der optimalen Stimulation und Erregung zurück."[32]

Die Ausprägung des Sensation Seekings scheint jedoch von Mensch zu Mensch zu variieren, wobei das individuelle Erregungsniveau ausschlaggebend ist. Nach Zuckerman scheinen Menschen mit einem niedrigen Erregungsniveau eine hohe Stimulation der Außenwelt zu benötigen, um sich wohlzufühlen. Menschen mit einem hohen Erregungsniveau dagegen benötigen keine starke Stimulation, sie meiden stark erregende Situationen.[33] Zur Vergleichbarkeit und Messung des individuellen Sensation Seekings entwickelte Zuckerman die Sensation Seeking Scale (SSS), mit der die vier nachfolgend genannten Ebenen erfasst werden: Thrill- and Adventure-Seeking (TAS), Experience-Seeking (ES), Disinhibition (DIS) und Boredom-Susceptibility (BS).

Das TAS *(Thrill- and Adventure-Seeking)* beschreibt sich als „[...] die Neigung oder der Wunsch, Spannung und Abenteuer durch riskante, aufregende Aktivitäten wie schnelles Fahren, riskante Sportarten und dergleichen [...]."[34] Es geht bei dieser Art des Reizes um auf körperliche Aktionen (physische Aktivitäten) ausgelegte und mit tatsächlichen Risiken verbundene Erlebnisse.

Unter dem ES *(Experience-Seeking)* versteht Zuckerman die „[...] Neigung, neue Eindrücke zu bekommen oder neue Erfahrungen zu machen, z.B. durch Reisen, ungewöhnliche Kunst, nonkonformistische Lebensweisen oder durch den Umgang mit

---

[29] Ebd.
[30] *Becker* (2014) S.64
[31] *Zuckerman* (1994) S.27
[32] *Dorsch. Lexikon der Psychologie* (n.b.)
[33] *Becker* (2014) S. 64f.
[34] *Amelang et.al.* (2011) S.322

sozial auffälligen oder randständigen Gruppen."[35] Gleichwohl ist hier hervorzuheben, dass es sich, im Gegensatz zum TAS, nicht um risikobehaftete Ereignisse handelt. Die eigene Person wird bei dem ES nicht in Gefahr gebracht; es geht um die „[...] Suche nach sensorischer Erfahrung und kognitiver Stimulation."[36]

Bei der DS *(Disinhibition)* geht es um die „[...] Tendenz, sich Stimulation durch soziale Aktivitäten (z.b. Party), durch Enthemmung mit Hilfe sozialen Trinkens oder auch durch sexuelle Kontakte zu verschaffen."[37] Hier steht, ableitend aus der Definition, die soziale Begegnung im Vordergrund.

Die letzte Dimension - BS *(Boredom Suspectibility)* – wird als „[...] Intoleranz gegenüber sich wiederholenden Erfahrungen jeder Art wie Routinearbeiten oder auch gegenüber langweiligen Menschen [bezeichnet]. Diese Anfälligkeit für Langeweile drückt sich in einer Abneigung gegenüber monotonen Situationen und durch Ruhelosigkeit in solchen Situationen aus."[38]

Aus diesen vier Dimensionen besteht die Sensation Seeking Scale (SSS) nach Zuckerman. Sie wird demnach als Erhebungsinstrument des jeweils individuell ausgeprägten Sensation Seekings von Personen genutzt, mit der die Werte entsprechend gemessen und ausgewertet beziehungsweise interpretiert werden.

Menschen mit hohen Werten auf der Sensation Seeking Scale haben ein erhöhtes Erregungsniveau, das erreicht werden muss, damit sie Stimulation erfahren. Dies soll das nachfolgende Beispiel verdeutlichen, in dem eine Person mit hohen Werten auf der SSS dargestellt werden soll:

Betrachtet wird ein junger Schüler (M./17 Jahre), der kürzlich seinen Motorradführerschein erworben hat und demnach nur eine kleine Maschine fahren darf. Seine Eltern schenken ihm ein Motorrad, welches aktuell eine Geschwindigkeitsdrossel eingebaut hat. Erst nach Ablauf von 2 Jahren darf M diese Drossel - dem Gesetz nach – entfernen. M liebt Nervenkitzel und Geschwindigkeit, daher lässt er heimlich die Drossel entfernen und fährt von nun an mit nicht gedrosselter Maschine. Die Gefahr, dass M. erwischt werden könnte, nimmt er für diesen Reiz gerne in Kauf.

Die Klassenkameraden von M. wissen, dass dieser am Wochenende gerne auch Alkohol trinkt und mit anschließend sogar mit seiner Maschine den Rückweg antritt. Für M. ist das aber kein Problem, er vertritt die Ansicht, dass sein Fahrstil auch unter

---

[35] Ebd.
[36] *Becker* (2014) S.65
[37] *Amelang et.al.* (2011) S.322f.
[38] Ebd. S.323

Alkoholkonsum stets derselbe sei. Dieses Risiko nimmt M. gerne in Kauf, er bezeichnet seine Klassenkameraden als Langweiler und fühlt sich von ihnen nicht verstanden.

Nachdem die Theorie des Sensation Seekings nun genau betrachtet wurde, soll im nächsten Schritt über dessen praktischen Nutzen diskutiert werden.

Die Sensation Seeking Scale misst, wie bereits erörtert, die Stimulation der betrachteten Personen in bestimmten Umgebungen. Eine Person mit hohen Werten auf der Sensation Seeking Scale benötigt ein hohes Erregungsmaß, um Stimulation zu verspüren und die damit einhergehende Zufriedenheit. Das Konstrukt des Sensation Seekings kann in der Praxis beispielsweise bei Mitarbeitern und deren Motivation Anwendung finden. Leistungsmotivation lässt sich dabei in intrinsische und extrinsische Motivation unterscheiden. Extrinsische Motivation basiert auf den Faktoren, die von außen auf eine Person wirken oder eine Wirkung ausüben. Hierzu gehören beispielsweise „[...] materielle Belohnung oder Bestrafung, Überwachung oder soziale Bewertungen [...]."[39] Diese Art von Motivation ist „[...] häufig abhängig von äußeren Steuerungsinstanzen und erlischt, wenn deren Kontrollinstrumente wegfallen."[40] Demnach kann die extrinsische Motivation von Mitarbeitern durch höhere Bezahlung oder mehr Lob und Anerkennung von außen gefördert werden. „Intrinsische Motivation bedeutet ein in der Person liegendes Interesse, Neugier oder Werte, die diese dazu bewegt, etwas zu tun."[41] Wird von intrinsischer Motivation bei Mitarbeitern gesprochen, so stehen hierbei Schlagwörter wie die Selbstverwirklichung oder die Erkennung von Sinnhaftigkeit an der eigenen Arbeit an erster Stelle, sprich die Motivation von innen heraus. Die zuvor betrachtete Sensation Seeking Scale kann demnach der intrinsische Motivation gewissermaßen zugeordnet werden, da auch diese individuell des entsprechenden Erregungsniveaus der betrachteten Person ausgelegt wird. Wird also davon ausgegangen, dass Führungskräfte die jeweiligen intrinsischen Motivatoren ihrer Mitarbeiter kennen, kann eine Förderung und daraus resultierend eine nachhaltige Zusammenarbeit mit den Mitarbeitern gewährleistet werden. Erweitert man diese intrinsischen Motivatoren noch um die genaue Analyse hinsichtlich des Sensation Seekings eines jeden Mitarbeiters können auch hier Rückschlüsse gezogen werden. Weiß die Führungskraft um das Erregungsniveau seiner Mitarbeiter auf Arbeitsebene Bescheid, so kann diese eine Aufgabenverteilung entsprechend der Motivatoren und nun auch unter Berücksichtigung der Sensation

---

[39] *Brandstätter et.al.* (2013) S.91
[40] Ebd.
[41] Ebd.

15

Seeking Scale durchführen. Beispielsweise könnte ein Mitarbeiter mit hohen Werten auf der Sensation Seeking Scale eher Aufgaben zugeteilt bekommen, die mit mehr Risiko beziehungsweise auch Verantwortung einhergehen, als ein Mitarbeiter, der sich mit hohem Risiko und hoher Verantwortung unwohl fühlt. Dieser Mitarbeiter weist ein niedriges Erregungsniveau aus und kann entsprechend gefördert und gefordert werden.

Literatur- und Quellenverzeichnis

Amelang, M. et al. (2011) Differentielle Psychologie und Persönlichkeitsforschung, 7. Auflage, Stuttgart.

Aronson, E. et.al. (2014) Sozialpsychologie, 8. Auflage, Hallbergmoos.

Becker, Dr. B. (2014) Studienbrief Grundlagen der Differentiellen und Persönlichkeitspsychologie, 1. Auflage, Riedlingen.

Brandstätter et.al. (2013), Motivation und Emotion Allgemeine Psychologie für Bachelor, 1. Auflage, Berlin.

Häcker, Prof. H. O. (n.b.) Dorsch Lexikon der Psychologie. Sensation Seeking
https://dorsch.hogrefe.com/stichwort/sensation-seeking#search=24ec5b5f60cb8e740dfedee45e00248f&offset=0
abgerufen am 16. November 2020

Jonas et.al. (2014) Sozialpsychologie. Eine Einführung, 6. Auflage, Berlin/Heidelberg.

Meier, T. (n.b.) Assessment Center Academy
https://www.assessmentcenteracademy.de/assessment-center/was-ist-ein-assessment-center/
Abgerufen 16.Oktober

Orth, H. (2018) Studienbrief Sozialpsychologie, 2. Auflage, Riedlingen.

Weuster, A. (2012) Personalauswahl 1. Internationale Forschungsergebnisse zu Anforderungsprofil, Bewerbersuche, Vorauswahl, Vorstellungsgespräch und Referenzen, 3. Auflage, Heidelberg.

Wirtz, Prof. Dr. M. (n.b.) Dorsch Lexikon der Psychologie. Beurteilertraining
https://dorsch.hogrefe.com/stichwort/beurteilertraining
abgerufen am 30. November 2020

Zuckerman, M. (1994) Behavioural expressions and biosocial bases of sensation seeking, Cambridge.